ELOGE FUNEBRE
DE
PIERRE BUISSON,
ORGANISTE DE GISORS,

Prononcé dans cette Ville, devant une Société d'Amateurs, le 2 Septembre 1775.

Par M. Langlois, de Gisors.

Extinctus amabitur idem. Horat.

PRÉFACE.

LES perſonnes qui m'ont engagé à compoſer ce Diſcours, conduites par les mêmes motifs, m'ont ſollicité de le rendre public : la déférence que j'ai pour elles, & l'intérêt que je prends à la gloire de celui qui en eſt l'objet, m'ont déterminé à ſatisfaire leurs déſirs.

Dans un ſiècle moins éclairé que le nôtre, je ne haſarderois point l'Eloge d'un Particulier, d'un Artiſte dont les vertus & les talents n'ont paru que ſur le théâtre peu brillant de quelques Villes de Province : alors, je le ſais, des perſonnages d'un rang élevé, d'une haute réputation, pourroient ſeuls décemment fournir la matière intéreſſante d'un panégyrique.

Mais aujourd'hui que les hommes, plus inſtruits que jamais, diſtinguent ſoigneuſement les titres d'avec la perſonne ; aujourd'hui qu'ils

PRÉFACE.

jugent leurs semblables nus & dépouillés des dignités qui les grossissent ou les déguisent aux yeux des spectateurs ; aujourd'hui qu'ils apprécient les actions & les ouvrages suivant leur valeur intrinsèque & indépendamment de l'éclat étranger que leur prêtent les circonstances, je publie avec confiance, & même avec une espèce d'avantage, l'Eloge d'un Homme dont le mérite brillant de son éclat naturel, n'a point été relevé par le faste des honneurs, ou rehaussé par la splendeur de la renommée, qui, sans titres & sans prôneurs, ne doit son lustre qu'à lui-même.

Quelque stérile que soit en apparence la matière que je traite, si j'en ai su tirer tout le parti possible, mon ouvrage sera reçu favorablement du public ; s'il n'a pas le mérite de lui plaire, ce sera la faute de l'Auteur & non celle du sujet.

Le Tableau que je présente, malgré sa petitesse, offrira aux cœurs sensibles des situations

PRÉFACE.

touchantes, aux ames courageuses des exemples de vertu, & aux Artistes des modèles de perfection : les Philosophes y pourront observer les bizarreries de la fortune, la marche de l'esprit humain, & le jeu des passions : les enthousiastes des talents y verront, avec transport, les honneurs qu'on leur a rendus dans une petite Ville ; & ceux qui aiment les arts & les sciences, remarqueront, avec satisfaction, que leur empire s'étend de toutes parts & s'accroît de jour en jour.

On trouvera aussi dans cet Eloge quelques réflexions morales, des idées philosophiques, plusieurs observations théoriques que m'a fournies le sujet. Comme elles en naissent toutes directement, & sont essentiellement liées avec lui, elles ne rompront point la marche du discours ; & j'espère qu'elles répandront à la fois une diversité agréable & un jour utile sur la matière que je traite.

PRÉFACE.

Si quelques détails paroiſſent minutieux à mes Lecteurs, je les prie de ſe mettre un inſtant à la place de mes Auditeurs, de devenir pour un moment Concitoyens de M. Buiſſon ; & ils ceſſeront de regarder ces détails comme indifférents.

ELOGE FUNEBRE

DE

PIERRE BUISSON,

ORGANISTE DE GISORS.

MESSIEURS,

LOUER les hommes de mérite après leur mort, célébrer les vertus & les talents qui les ont distingués pendant leur vie, c'est un tribut aussi légitime qu'agréable à payer; c'est un acte utile à la Société; c'est un usage consacré par la pratique constante de tous les siècles. Si leurs vertus ont fait l'ornement & les délices de l'humanité; si leurs talents nous ont procuré des lumières & des plaisirs, qu'il est juste, qu'il est doux de leur rendre des hommages, de récompenser leurs bienfaits, de faire éclater son admiration & sa gratitude en prononçant leur Eloge! Hélas! pendant leur vie, l'habitude d'en jouir nous empêche de sentir tout leur prix; l'envie leur dérobe la moitié de leur gloire; la malice des hommes trouble leur repos ; la fortune presque toujours injuste à leur égard, leur refuse ses faveurs. Ah ! du moins après leur mort, lorsque le sentiment de leur perte renforce dans nous celui de leur mérite ; lorsque l'amour succède à l'envie qui s'affoiblit & s'éteint en l'absence de son objet ; lorsqu'ils sont à l'abri des persécutions, & que le sort n'a plus de prise sur eux, réparons ses fautes & nos torts ; donnons à notre estime & à notre reconnoissance le degré d'énergie qu'elles doivent avoir ; rendons à leur gloire tout son éclat & toute sa splendeur ; vengeons leur cendre des injures faites à leur personne ; couvrons, effaçons, s'il est possible, les malheurs qui ont accompagné leur existence par les honneurs accordés à leur mémoire. Honneurs aussi utiles aux vivants que glorieux pour les morts qui en sont l'objet. Le tableau de leurs actions offert aux yeux des hommes, développe dans les ames le germe des qualités les plus précieuses, fait naître dans les cœurs les plus beaux sentiments, devient une règle sûre, un modèle excellent de mœurs & de conduite. L'émulation allume ses fœux au flambeau de leur gloire. Les Sciences & les Arts profitent de l'histoire de leurs travaux. Le point d'où ils sont partis, la route qu'ils ont tenue, les difficultés qu'ils ont vaincues, les écueils qu'ils ont évités, les chutes mêmes qu'ils ont faites, & le terme qu'ils ont atteint dans leur course, sont autant de leçons, d'instructions salutaires & qui justifient la coutume du Panégyrique. Coutume suivie par tous les peuples de tous les temps. Ouvrons l'Histoire. Par-tout, chez les Nations un peu policées, nous verrons non-seulement des Panégyriques prononcés, mais encore des tombeaux élevés, des statues dressées, des monuments érigés pour les Sages, les Savants, les Artistes : nous verrons les louanges succéder pour eux aux satyres,

les

les éloges aux critiques, les transports du zèle & du respect à la fureur des outrages & des persécutions : nous les verrons joüir, après leur mort, d'honneurs d'autant plus glorieux, qu'ils sont sincères & désintéressés ; tandis que ceux dont jouissent les Grands pendant leur vie, sont dictés par l'intérêt de la flatterie.

Tels sont, Messieurs, les motifs & les considérations qui vous ont déterminés, en me chargeant de prononcer devant vous l'Eloge funèbre de PIERRE BUISSON, Organiste de cette Ville : tels les titres qu'il apporte à l'honneur que vous lui décernez aujourd'hui ; d'un côté l'estime, la reconnoissance, l'utilité & l'usage ; de l'autre les vertus & les talents justifient & autorisent la démarche que nous faisons en ce jour.

Considérant donc en lui l'homme & le musicien, ces deux rapports formeront le double objet & feront le partage de ce discours.

Avant d'entrer en matière je ne vous demanderai point votre attention. Votre conduite, Messieurs, m'en est un sûr garant ; mais je solliciterai votre indulgence. Si je reste au-dessous de mon sujet, si mes paroles ne répondent point à vos sentiments, excusez mon impuissance en faveur de mon zèle.

PREMIERE PARTIE.

LA NAISSANCE qui n'est qu'un sujet de honte & de reproche si elle n'est soutenue par le mérite, est un titre vain & insuffisant à la gloire, lors même que les qualités personnelles répondent à celles des ayeux. Si les vrais panégyristes louent sur la Noblesse de leur origine ceux dont ils ont entrepris l'Eloge, ils ne le font que pour les féliciter d'avoir égalé ou surpassé leurs ancêtres. La naissance ne paroît

B

dans leurs discours avec quelque avantage que pour donner plus de lustre au mérite, ou plutôt parce que l'éclat du mérite rejaillit sur elle. Ils ne fondent point la gloire de leurs Héros sur des titres qui n'ayant rien coûté à leurs possesseurs leur sont en quelque sorte étrangers ; ils ne prennent point indistinctement pour matière de leur Eloge ce qui n'a été pour eux que le fruit du hazard & ce qu'ils n'ont dû qu'à leur propre génie. D'après ces principes & ces réflexions, avouons-le, je ne dis pas sans honte, mais avec une espèce de vanité, mais avec satisfaction, issu de parents pauvres & obscurs, M. Buisson ne doit son lustre qu'à lui-même.

(a) Une ville connue par la résidence qu'y font de temps en temps nos Rois & par la proximité de la Capitale, dans laquelle ces deux causes réunies font régner les Arts & les Sciences, vit naître M. Buisson. Comme elle avoit été son berceau, elle fût son lycée. Il y apprit les éléments de son Art. (b) L'Organiste habile que possède cette Ville, ami de son père, perçant à travers l'enveloppe de l'enfance, découvrit dans le jeune Buisson le germe de son talent futur ; il résolut de le développer, de le faire éclore, de cultiver & de façonner cette plante. Bientôt elle porta les plus beaux fruits. Bientôt le concours des dispositions les plus heureuses & des leçons les plus sages, rendit le Disciple égal à son maître & capable de remplir les premières places. L'orgue de la Cathédrale de Beauvais devenu vaquant & proposé au concours lui en présente une proportionnée à son mérite. Paris est le lieu où de nobles rivaux vont se disputer la victoire, & des Ju-

---

(a) S. Germain-en-Laye.
(b) M. La Fond.

ges éclairés couronner le vainqueur. La lice s'ouvre. Buisson paroît. Il remporte le prix.

Le bruit du succès le plus brillant l'annonce à Beauvais. On l'y attend avec impatience. Arrivé dans cette Ville, il justifie par son début le choix de ses Juges. Il surpasse l'idée qu'on s'étoit formée de lui. Il obtient tous les suffrages.

C'est une remarque curieuse & digne de l'attention du Philosophe, que la tournure du génie se peint dans la forme du caractère, que la teinte de l'un est l'image de la trempe de l'autre, & que l'espèce des mœurs porte l'empreinte de la nature des talents. Un caractère dur, infléxible répond ordinairement à un style roide, énergique; & des mœurs douces & faciles à des écrits moelleux & délicats. Ainsi, le genre de Musique de M. Buisson se retraçoit dans la nature de son commerce, & il charmoit les cœurs par la douceur des manières les plus gracieuses, comme il enchantoit les oreilles par la délicatesse des sons les plus flatteurs.

Tandis que ses talents réunissent les esprits en sa faveur, ses qualités lui gagnent tous les cœurs : une douceur extrême, une aimable simplicité, une exacte probité, lui font autant d'amis de ses connoissances, de ses confrères même ; quand la supériorité de son talent ne l'auroit pas mis au-dessus de l'envie, la bonté de son caractère l'auroit garanti de ses traits. L'envie participe beaucoup de la haine. Peut-on haïr ce qu'on ne peut se défendre d'aimer?

Recherché, accueilli de toutes parts, jouissant des agréments & des commodités de la vie, traité avec tous les égards dûs à un habile Artiste par un Chapitre ravi de le posséder, par un corps fait pour sentir & distinguer le mérite, rien, dans son état, ne manquoit à son bonheur. Mais telle est la condition des choses humaines & la foiblesse de notre nature : les malheurs affiégent souvent ceux qu'ils devroient le plus refpecter, & la premiere partie de ce difcours fera le tableau du mérite perfécuté par la fortune ; il n'eft point de mérite fans taches, & quelques-unes obfcurciffent celui que nous célébrons. Déjà je vois les inconvéniens les plus fâcheux réfulter pour M. Buiffon, des plus heureux avantages ; & parmi d'excellentes qualités, j'apperçois des défauts qui ne font, il eft vrai, dangereux & funeftes que pour lui, mais que l'amour de la vérité ne nous permet pas de diffimuler.

L'accueil que l'on fait aux Artiftes célèbres eft souvent indifcret & pouffé jufqu'à l'excès, auffi capable de leur nuire que propre à les flatter. On fe procure aux dépens de leur fanté, de leurs travaux, de leur fortune, l'occafion de leur prouver fon eftime, le plaifir de jouir de leur talent & l'efpèce d'honneur qu'on met à les poffeder. Ainfi cette douceur de caractère dégénérant en foibleffe chez M. Buiffon, & fes connoiffances abufant de fa facilité, lui rendirent pernicieufes des liaifons qui s'étendoient de jour en jour. La multiplicité des plaifirs altéra fa conftitution & développa chez lui le germe de cette maladie qui l'a mis au tombeau (a). Elle le détourna de fes occupations, émouffa fon goût pour le travail, retarda les progrès & la perfection de fes talens. Le défaut d'économie fe joignant à ces premières caufes, l'empêcha de profiter des faveurs de la fortune, & dérangea fes affaires. Enfin, une malheureufe inconftance faififfant le prétexte de quelques légers mécontentemens, l'enleva à Beauvais pour le donner à Gifors (b).

(a) La pulmonie.
(b) On s'étonne & l'on cherche tous les jours la raifon

Lorsqu'une foule de Compétiteurs se disputoient l'orgue de cette Ville devenu vaquant, lorsque déjà les Juges se disposoient à prononcer entre les concurrents ; M. Buisson les prie de suspendre leur choix jusqu'à son arrivée. Il vient ; il touche ; ses Juges & ses rivaux, d'une voix unanime, le déclarent vainqueur.

Vous peindrai-je, Messieurs, le ravissement, le transport, l'espèce d'enthousiasme que la beauté de son jeu excita alors dans les ames & qu'elle y renouvela chaque fois qu'il se fit entendre jusqu'à ce que l'habitude eût émoussé la vivacité du plaisir ? Parcourerai-je le nombre des connoissances, des liaisons, des amis que lui procura son caractère ? Mais tous ses sentiments vous les avez éprouvés ; l'impression n'en est point effacée dans vos ames, & votre imagination, en l'y renouvelant, vous servira mieux que ne feroient mes paroles ; mais le zèle que vous faites éclater pour honorer sa mémoire prouve mieux que ne le pourroient mes discours, combien vous chérissiez sa personne. Qu'il me suffise donc de dire ici que Gisors ne fut pas moins sensible que Beauvais à son mérite, & que sur l'idée qu'il en donna,

---

de ce que le défaut d'ordre & d'économie, le goût immodéré des plaisirs, & l'amour excessif du changement, sont communs à presque tous les grands Artistes : voici, je pense, en peu de mots, la véritable manière d'expliquer ce phénomène, & de résoudre ce problême. Le succès, dans les arts, dépend de la vivacité de l'imagination : or, les défauts dont on vient de parler, ce désordre dans les affaires, cette disposition voluptueuse, cette inconstante légéreté, résultent pareillement de l'activité extrême de cette faculté de l'ame : ils tiennent donc à la même cause, que les talents auxquels on doit le succès dans les arts ; il n'est donc point surprenant, c'est donc même une nécessité, qu'ils se trouvent dans les sujets où ces talents se rencontrent.

sur le projet qu'il en fournit, le corps auquel il étoit attaché se porta à une réparation de l'orgue dont le rare talent de l'Organiste étoit la principale raison.

Goûté, fêté à Gisors autant qu'à Bauvais y fût-il plus heureux ? Non, Messieurs ; au contraire, sa condition ne fit que devenir plus triste de jour en jour, & il se vit insensiblement réduit aux plus fâcheuses extrémités. Sa santé, loin de se rétablir, essuya les attaques les plus funestes & se détériora de plus en plus. La médiocrité de sa fortune fut suivie de la pauvreté, & la pauvreté amena bientôt l'indigence. Un mariage contracté sous de malheureux auspices fût pour lui une source de disgraces, & avec celle à qui il unit son sort, il épousa des procès dans lesquels elle se trouvoit engagée ; des négligences, des causes, dont le détail n'entre point dans l'objet de ce discours, lui attirèrent des désagréments, qui, joints à la mauvaise situation de ses affaires & à un peu d'inconstance peut-être l'enlevèrent à Gisors au milieu de l'exécution d'un projet, dont ses conseils avoient fait naître l'idée, que la considération de ses talents avoit ensuite fait adopter.

Un nouveau concours lui fournit un nouveau triomphe, & l'orgue de S. Etienne de Caen une nouvelle place où il jouit de la même considération que dans les premières.

Mais il ne doit pas l'occuper long-temps. Gisors ne sera pas long-temps privé de lui : hélas ! cette ville doit être le théâtre de ses infortunes, & le destin y a marqué son tombeau. La mauvaise santé d'une épouse chérie & d'autres considérations importantes l'y ramènent bientôt.

Faut-il que l'époque de son retour dans cette ville soit celle de ses plus grands malheurs ; que dès ce moment le ciel devienne de fer pour lui ; que le fort le perce de ses traits & l'accable de ses coups! Ah ! Messieurs, que ne puis-je me dispenser de mettre sous vos yeux les scènes les plus tristes & de présenter à vos regards le spectacle le plus affligeant. Ames sensibles, pardonnez à ma voix, si elle réveille chez vous, un souvenir plein d'amertume, & si mes paroles vous retracent des images cruelles : il ne m'en coûtera pas moins de vous les offrir qu'à vous de les envisager ; mais la vérité éxige de nous cet effort, & la perte de celui que nous regrettons doit nous rendre supportable le tableau de ses infortunes.

De retour à Gisors M. Buisson redemande, sollicite la place qu'il a quitté ; mais une partie de ceux dont elle dépend rejettent sa prière & s'opposent à ses efforts. Le malheur de sa situation ; la supériorité de son talent ; l'intérêt du nouvel orgue ; l'appui que donnent à sa requête une foule d'habitants distingués & l'approbation que lui accorde la meilleure partie de ses Juges eux-mêmes, rien ne peut ébranler leur résolution & balancer les raisons qui la leur ont fait prendre.

Dans cette incertitude ; dans cette perpléxité cruelle, une maladie dangereuse l'attaque au sein de la plus affreuse indigence. Figurez-vous, Messieurs, un habile Artiste presque mourant & abandonné à la nature, dénué des secours les plus essentiels, dépourvu des choses les plus nécessaires dans sa situation ; une tendre épouse désolée & de l'état de son époux & de l'impossibilité où elle se trouve d'y remédier : représentez-vous.... mais plutôt détournons les yeux d'un spectacle uniquement propre à satisfaire la cruauté & la vengeance, & fixons-les sur un tableau plus fait pour les cœurs sensibles : contemplons ces ames généreuses dans qui la voix de l'humanité se fait entendre & n'éxcite point une compassion stétile; voyons l'afyle de M. Buiffon fe remplir d'amis, de confolateurs : (a) un Médecin défintéreffé autant que favant, dont la pratique eft auffi fûre que fa théorie eft éclairée, bien digne de fauver un habile Artifte, par un fecours puiffant quoique tardif, ranimer peu à peu le flambeau prefque éteint de fes jours, le rappeller des portes du trépas & le rendre pour la feconde fois à la vie. Enfin retraçons-nous la joie univerfelle que caufe fon rétabliffement, & paffons à ce moment où, pour mettre le comble à fa fatisfaction & à la nôtre, fon talent triomphant de ces obftacles, de ces oppofitions qui fembloient d'abord invincibles & infurmontables, il jouit de fa place & nous de fes talents.

Mais avant de nous fixer à une époque fi flatteufe, arrêtons-nous un inftant, Meffieurs, revenons même fur nos pas, pour confidérer un objet bien digne de nos regards & bien important pour la gloire de M. Buiffon. Dans les contradictions, les traverfes, les maladies qu'il avoit déjà effuyées, cet homme doux jufqu'à la foibleffe, avoit donné des marques d'une fermeté, d'une conftance inébranlables. Dans la plus terrible de toutes les épreuves, dans la plus violente de toutes les crifes, fa vertu, croiffant avec le malheur, fe montre dans toute fa force. Quand les paffions humaines irritées frémiffent & s'agitent autour de lui; quand la fortune ennemie épuife contre lui fes rigueurs; quand le mal déploie fur lui fa fureur & fa rage, & que la mort menaçante femble déjà l'environner de fes horreurs; immobile au milieu de ces différentes fecouffes, il conferve une férénité inaltérable, jufqu'à ce que le Ciel plus propice ait fait taire les vents, diffipé les nuages & appaifé la tempête.

(a) M. Le Mazurier.

Alors,

Alors, à l'abri sinon de la pauvreté du moins de l'indigence, exempt sinon de trouble du moins d'orages, valétudinaire mais du moins vivant, il se trouve dans une situation moins triste. Il charme ses loisirs par les exercices amusants de son Art & les accords puissants de l'harmonie réveillent dans son ame le sentiment du plaisir.

De même qu'au fort des disgraces, de l'adversité & de la maladie, il avoit fait éclater une patience vraiment stoïque; il fait paroître dans la médiocrité la modération d'un sage. Satisfait d'une humble, mais tranquille pauvreté, il ne soupire point après les richesses & les honneurs, que son mérite placé sur un théâtre plus brillant lui auroit sans doute procurés; & content de son sort auprès d'une épouse chérie, je vois la tendresse conjugale couronner ses autres vertus.

Nous vous avons présenté M Buisson, doux, simple de mœurs, plein de probité, de courage & de modération, enfin tendre époux, dans les principaux événements de sa trop malheureuse vie : nous allons maintenant vous le montrer excellent Artiste, & après avoir envisagé les vertus de l'homme, considérer les talents du Musicien.

SECONDE PARTIE.

PARMI ces inventions également agréables & surprenantes de l'esprit humain, dont le but est de faire naître le plaisir dans nos âmes, en reproduisant à nos sens les objets de la nature, il n'en est point dont l'effet soit aussi vif & aussi sensible que celui de la Musique. Pour ne parler que de la Peinture & de la Poësie, les deux seuls Arts imitateurs, dignes d'entrer en parallèle avec celui-ci, il faut convenir qu'à cet égard elles lui sont de beaucoup inférieures. Bornée comme l'une & l'autre à l'unité de moyen, égalée par la première, & furpaffée par la feconde dans le nombre des objets imités, la Mufique l'emporte infiniment fur elles deux, par la force de l'impreffion qu'elle produit en imitant. La Peinture en offrant à nos yeux, à l'aide du pinceau, l'image des paffions, n'excite qu'un mouvement modéré dans nos ames. La Poëfie, par fes defcriptions & fon harmonie imitative, n'opère que d'une manière indirecte, & par conféquent moins forte, ce que la Peinture & la Mufique font directement. La Mufique feule, en imitant le bruit par les fons dont elle affecte l'oreille, réveille bien puiffamment les paffions analogues, tant à caufe de la force de fon action augmentée par la difpofition de l'organe fur lequel elle agit, qu'en vertu du rapport intime qui exifte entre cet organe & les refforts phyfiques de nos paffions.

De là, cet Orphée qui entraînoit fur fes pas les rochers & les forêts, arrêtoit le cours des fleuves, amolliffoit la fureur des tigres & des lions, endormoit la vigilance du Cerbère, & fléchiffoit la rigueur de l'impitoyable Pluton, fenfibles aux doux fons de fa lyre. De là, cet Amphion dont les puiffants accords animoient les pierres, qui, fe mouvant elles-mêmes, venoient fe ranger en ordre fur les murs Thébains, & toutes ces allégories poëtiques, ces fictions ingénieufes fous lefquelles la Fable cache des phénomènes naturels & des effets véritables opérés par la Mufique. De là, ces maladies charmées & fufpendues, ces accès, ces tranfports phrénétiques calmés, ces féditions appaifées, ces Guerriers entraînés aux combats par la douceur & la force de l'harmonie muficale, & tous les exemples frappants que l'hiftoire nous fournit de fa puiffance. C'eft pour cela que nous voyons des Nations barbares avoir une espèce de Musique, gratter (qu'on me permette cette expression) leurs oreilles brutes par des chants rudes & des instruments grossiers, & en écouter les sons avec un transport égal à celui que l'harmonie la plus délicate & la plus touchante inspire aux peuples policés. Voilà pourquoi des enfants encore au berceau, insensibles à presque tout autre plaisir, & plusieurs animaux incapables de mille autres sensations, éprouvent le pouvoir de la Musique, & en ressentent l'impression (*a*).

Mais parmi les machines que le génie de cet Art a inventées pour produire, étendre & augmenter son effet, il en est une admirable par son étendue immense & ses combinaisons infinies, qui réunit & renferme les forces particulières de toutes les autres & qui, par la multiplicité de ses ressorts, asservit & soumet à son imitation tous les bruits qui se font entendre dans ce vaste univers. Vous comprenez, Messieurs, de quel instrument de Musique je veux parler ; vous avez nommé l'Orgue, le triomphe & la gloire de M. Buisson. Excellent Musicien, il fut sur-tout excellent Organiste.

A la vue d'un tableau de Raphaël, le Corrège s'écrie : » Et moi aussi je suis peintre « ; & prenant le pinceau, il le prouve par des chef-d'œuvres. A la vue d'un clavecin, le génie musical de M. Buis-

---

(*a*) Si la Poësie chez les Anciens produisoit des effets si utiles & si admirables ; si l'on y employoit avec succès les Poëmes d'Homère pour inspirer aux enfants les sentiments les plus généreux & les plus élevés ; si Tyrtée, par ses vers, releva le courage abattu d'un peuple, & lui fit remporter la victoire, la Poësie devoit alors son pouvoir au secours que lui prêtoit la Musique, sans laquelle elle ne marchoit jamais ; & ces merveilles étoient le fruit de l'union intime des deux arts.

son se décèle. L'agilité avec laquelle il promène ses doigts sur le clavier annonce à un habile Organiste, fin observateur, sa supériorité future dans ce genre, & l'événement justifie ce présage.

Délicatesse & douceur, voilà en deux mots le caractère propre du jeu de M. Buisson. Ce n'est pas qu'il ne possédât les autres qualités dans un degré suffisant pour fonder une réputation. Soit qu'élevant les ames par la sublimité de la plus noble harmonie, ou que surprenant les esprits par la magnificence du jeu le plus pompeux, il réveillât dans ses Auditeurs les idées augustes de la Religion & semblât les faire assister aux superbes concerts de la hiérarchie céleste ; soit qu'ébranlant les oreilles par l'éclat des plus impétueux accords, il imitât le bruit terrible des tonnerres & des volcans, le son guerrier des trompettes & des clairons, & fit naître dans les cœurs les mouvements les plus tumultueux & les transports les plus vifs ; par-tout il étoit lui-même, mais jamais aussi admirable que lorsque par la légèreté des sons les plus délicats, il excitoit la joie & peignoit les plaisirs, ou lorsque par les charmes d'une douce mélodie, il inspiroit les sentiments les plus tendres & cette mélancolie touchante dont les cœurs sensibles connoissent seuls le prix.

Pour exceller véritablement dans la Musique, ainsi que dans les autres Arts, il ne suffit point de rendre les idées d'autrui, il faut soi-même enfanter & produire. Le Peintre qui ne fait que copier, le Poëte qui se contente de traduire, & le Musicien qui se borne à opérer, ne doivent être placés qu'au second rang. C'est le génie créateur qui distingue le grand Artiste. Sans lui on sera bon violon, habile Organiste, parce que le mérite de l'exécution suffit pour fonder ces titres ; mais on ne sera point véritablement Musicien.

Savant dans les principes de la composition, M. Buisson joignoit l'invention la plus heureuse à l'exécution la plus brillante, & chez lui la pratique étoit éclairée par la théorie.

Qu'est-ce qu'une Musique qui procède sans méthode, qui ne forme point un tout distinct & précis, qui n'a point un ton décidé, & qui ne présente aucun sens déterminé? C'est un coursier qui échappé des mains de son guide, dans sa démarche incertaine & vagabonde, traverse la campagne sans tendre à aucun but. Le gazouillement des oiseaux, le murmure des ondes, & tous les bruits que le hasard produit dans l'univers, me paroissent plus soutenables, parce que l'art annonçant un dessein marqué & une intention formelle de plaire, on a droit d'en attendre ce qu'on ne peut exiger de la nature.

Il n'en est point ainsi de la Musique de M. Buisson : ordonnance, unité, caractere, phrase musicale, tout y décèle le grand Artiste.

Voyez comme toutes les parties de ses pièces, régulièrement disposées, symétriquement arrangées, artistement contrastées se répondent mutuellement; comment unies par un lien naturel, assorties avec goût, employées avec choix & précision, proportionnées avec sagesse & intelligence, elles concourent directement & sensiblement à composer un corps simple & un : voyez comme tous ses morceaux singulièrement caractérisés, fortement frappés & uniformément soutenus sont, par un air propre & particulier, reconnoître d'abord le jeu de leur Auteur : comment enfin par un enchainement suivi & une variété bien entendue, par des successions adroitement conduites, des transitions finement amenées, des suspensions sobrement ménagées, ils disent, signifient & expriment autant que la parole même.

Mais si vous voulez juger encore plus sûrement

de la composition de M. Buisson, ou plutôt l'estimer encore davantage, jettez les yeux sur les vers qu'il embellit de ses sons; comparez la musique avec la poësie, & reconnoissez le vrai Musicien dans sa sagacité pour saisir & son adresse à rendre le sens du Poëte.

Vengeons ici M. Buisson d'une injure faite à sa gloire. En lui accordant un talent supérieur, on lui a refusé l'esprit le plus commun; absurdité, contradiction manifestes qui admettent l'effet en rejettant la cause! Quoi! l'Artiste qui invente & le théoricien qui compose sont bornés du côté des facultés intellectuelles? Et comment saisiront-ils les principes d'un art? comment en feront-ils l'application, s'ils ne possèdent ces facultés dans le degré le plus éminent? Oui, pour être grand Musicien, comme l'étoit M. Buisson, il faut être plus qu'homme d'esprit, il faut être homme de génie. Mais par la faute des circonstances cet homme ne saura point raisonner sur les choses communes de la vie, sur les objets ordinaires & futiles de la conversation; par le défaut de l'éducation & peut-être même de l'organe, il n'aura point le chétif mérite d'arranger des phrases; une simplicité de mœurs, une timidité de caractère très-compatibles avec le brillant & la hardiesse du génie lui donneront un extérieur humble & modeste, au lieu de ce ton tranchant & décisif qui réussit si bien de nos jours; c'en est assez. De jolis discoureurs, d'orgueilleux demi-Savants le rangeront dans la classe des sots à laquelle ils appartiennent.

Eh! que n'y rangent-ils donc aussi ce bon, ce simple la Fontaine, le premier des Fabulistes, qui n'avoit, disoit-on, d'esprit que dans ses Fables; comme ils y rangent M. Buisson à qui ils n'en trouvoient que dans sa Musique! Mais, répondent-ils, la plume de la Fontaine parloit au défaut de sa langue : & la Musique n'est-elle donc point aussi un véritable langage, & les sons ne sont-ils point la première & la plus ancienne des langues ? Si l'on ajoute que les productions, les ouvrages de M. Buisson étoient le fruit de l'instinct ; convenez-en, Messieurs, un instinct aussi heureux ressemble bien à la plus sage réfléxion.

Ce n'est pas-là le jugement que portoit de M. Buisson (a) un Magistrat respectable qu'a perdu notre Barreau. Aussi savant littérateur que profond jurisconsulte, il se plaisoit à converser avec lui, à l'entendre raisonner sur son art. Son témoignage, indépendamment des preuves, devroit être suffisant pour détruire le préjugé que nous combattons : » cet homme, « disoit-il souvent, » a plus d'esprit » qu'on ne pense «.

Après avoir justifié M. Buisson d'un reproche que ne lui ont point épargné ses Admirateurs eux-mêmes, si j'étois réduit à prouver la supériorité de son talent à des esprits assez peu connoisseurs, ou plutôt à des cœurs assez peu sensibles aux charmes de la Musique pour la lui disputer, je leur mettrois sous les yeux le succès brillant obtenu par lui dans trois Concours dont il a remporté le prix avec tant d'avantage ; les efforts du Chapitre de Beauvais pour le rappeller, même après qu'il eut fixé son séjour à Gisors ; ceux de l'Abbaye de Caen pour le retenir quand il revint dans cette Ville ; l'offre qu'on lui fit de l'Orgue de Châlons, tandis qu'on lui refusoit ici la place qu'il redemandoit avec tant d'instance, & les honneurs que Beauvais vient de rendre à sa mémoi-

---

(a) M. Pantin, Lieutenant-Général du Bailliage de Gisors.

re. Je leur citerois le témoignage de l'Artifte habile qui l'a formé, & qui s'eft avoué furpaffé par fon élève; (aveu auffi glorieux pour le maitre qu'honorable pour le difciple.); la Juftice non-fufpecte que lui a rendue le premier Organifte de cette Province (*a*), & le concours nombreux qu'il attira, les éloges multipliés qu'il reçut, lorfque touchant à Rouen fur un Orgue dignement occupé, il charma des oreilles que rendoient difficiles la délicateffe du goût & l'habitude du beau. Je leur rappellerois le plaifir extraordinaire que caufa fon début dans cette Ville; l'ardeur avec laquelle on couroit l'entendre, lorfqu'à fon retour de Caen, privé de fa place & réduit à s'éxercer fur un Orgue étranger (*b*); il fembloit foupirer fes malheurs dans les morceaux les plus tendres & les plus touchants; l'honneur qu'il fe fit à la réception du nouvel Orgue, où fe mefurant avec le Muficien célèbre que cette circonftance nous procura le bonheur d'entendre (*c*), il parut digne de toucher avec lui, enforte qu'on pouvoit dire que c'étoit Amphyon qui venoit vifiter Orphée; enfin, & fur-tout ce jour, le jour de fon plus beau triomphe, où la Religion & l'Etat adreffant enfemble des vœux au Ciel pour la profpérité d'un règne naiffant, il rehauffa l'éclat & releva la majefté de cette cérémonie augufte par les plus brillants accords & la plus noble harmonie.

Mais hélas! qu'ai-je dit? Quelles paroles ai-je prononcées? Quelles idées fe réveillent en ce moment dans mon ame? Ah! des objets funeftes y fuccèdent aux plus agréables images. La mort fuit de près le

---

(*a*) M. Démazures.
(*b*) L'Orgue des Mathurins de Gifors.
(*c*) M. Démazures.

triomphe.

triomphe. L'inftant du trépas n'eft féparé que par un point du moment le plus glorieux. Ces fons enchanteurs font le chant du cygne, & le jour où cet Orphée fe furpaffe, eft la veille de celui où fon talent périt avec lui.

Un mal affoupi depuis long-temps fe réveille avec fureur. On efpère d'abord. Puis les efpérances s'évanouiffent tout à coup. L'art eft vain, la nature fuccombe; fortifié par les fecours, foutenu par les confolations que la Religion fournit aux mourants, Buiffon voit approcher fans crainte, fans trifteffe fa dernière heure. Ses infortunes la lui ont prefque rendue défirable. Elle arrive. Il expire.

C'en eft donc fait, il n'eft plus ! Le fort qui a perfécuté fes jours, les termine au milieu de leur cours. Vertus, talents, la mort, l'impitoyable mort a tout dévoré. Elle a plongé dans l'éternelle nuit, avec cet illuftre Artifte, notre gloire & nos plaifirs. Déjà ces doigts fi légers, fi délicats, cette main fi brillante, cette main fertile en prodiges ne font plus que cendre & pouffière. Déjà le filence affreux des tombeaux a fuccédé au bruit enchanteur d'une divine harmonie. Hélas ! nos oreilles ne feront plus frappées & flattées tour-à-tour par la force & la douceur de fon jeu. Les voûtes du temple ne retentiront plus des fublimes accords, fes murs ne répéteront plus les fons délicats de cet Orphée. Notre Orgue a perdu le génie puiffant qui l'anima, qui lui donna une nouvelle vie, & lui apprit à parler un langage qui lui avoit été jufqu'alors inconnu.

Amateurs, Admirateurs des talents, vous me demanderez fans doute quels honneurs on a rendus à fa cendre. Si vous ne vous figurez point des tombeaux élevés, des ftatues dreffées, des monuments érigés pour ce célèbre Muficien, au moins vous vous repréfentez une pompe funèbre, un cortége funéraire digne de lui. Vous vous peignez le zèle, l'enthousiasme, la noblesse & la générosité des sentiments éclatant à la fois dans des obsèques proportionnées à son mérite... Vous vous trompez.

Le sort qui lui avoit refusé l'éclat de la naissance dont il n'avoit pas besoin, qui le priva du bonheur de la vie dont il étoit digne, ne lui accorda pas les honneurs d'une sépulture telle qu'il la méritoit, afin, sans doute, que dans tous les temps & dans toutes les circonstances, il ne dût son lustre qu'à lui-même.

Ombre chère, ombre respectable, ô Buisson, c'est dans les ames de tous ceux qui t'ont connu, c'est dans les cœurs de tous ceux qui m'écoutent que l'estime & l'amour t'élèvent un monument digne de toi. Ah! que la simplicité de tes funérailles & de ton tombeau me paroît majestueuse, & que son contraste frappant avec l'éclat de ton mérite fait vivement ressortir ta gloire. (*a*) Placé au pied de cet Orgue, instrument de tes triomphes : dans quel endroit tes restes pouvoient-ils être plus convenablement déposés. Tant que les ans respecteront cet édifice sacré (*b*) : tant que l'Orgue sera voisin de ta sépulture, ton nom vivra parmi les habitants de ces lieux, &, l'aspect de l'un conduisant leurs regards vers l'autre, ils s'écrieront : »ici repose le » plus grand Organiste qu'ait possédé cette église. «

(*c*) Mais il est un honneur encore plus distingué

(*a*) M. Buisson a été inhumé dans le Cimetière de Gisors, auprès du grand Portail sur lequel l'Orgue est établi.

(*b*) On pouvoit voir l'Eglise du lieu où ce Discours a été prononcé; voilà pourquoi on s'est servi de ce terme indicatif, *cet*.

(*c*) Trente habitants de Gisors ont fait célébrer à leurs frais, qu'obtiennent les manes de M. Buiſſon : un honneur plus propre encore à un grand Artiſte, dont la nouveauté dans cette Ville augmente infiniment le prix, & qui bien mieux que tous les autres y perpétuera le ſouvenir de ſes talents ; c'eſt, Meſſieurs, celui que vous avez voulu lui rendre en ce jour.

O vous qui faites éclater la juſteſſe de votre eſprit & la bonté de votre cœur, en honorant la mémoire de l'Artiſte habile & malheureux qui vous a tant de fois charmés, que d'éloges je donnerois à votre démarche ſi je n'avois l'avantage d'y participer ! Que ces ames viles & rampantes qui ne ſont point faites pour en ſentir le mérite ; que ces Génies foibles & étroits qui ne ſont point dignes d'en partager l'honneur, verſent ſur elle le ridicule, & exercent contre vous leur critique !.... Un mépris ſtoïque doit être votre unique réponſe. Les ſages, les hommes ſenſibles vous applaudiront ; & vous n'aurez pas peu fait pour votre gloire, en célébrant celle de M. BUISSON.

---

dans l'Egliſe Paroiſſiale de cette Ville, un Service ſolemnel pour M. Buiſſon, auquel ils ont aſſiſté en habit décent. A l'iſſue du Service, l'Auteur chargé de faire ſon Eloge, l'a prononcé devant la Société & une foule d'autres habitants, raſſemblés dans la maiſon d'un des Aſſociés.

F I N.

APPROBATION.

J'Ai lu le Manuscrit intitulé : *Eloge funèbre de Pierre Buisson, Organiste de Gisors*, dans lequel je n'ai rien trouvé qui puisse en empêcher l'impression. A Rouen, ce 23 Novembre 1775.

RUELLON.

VU l'Approbation ; permis d'imprimer & distribuer. A Rouen ce 29 Décembre 1775.

TRUGARD DE MAROMME.

A Rouen. De l'Imprimerie de LOUIS OURSEL.

Et se trouve

Chez LE BOUCHER fils, Libraire, rue Ganterie.
1775.

www.ingramcontent.com/pod-product-compliance
Lightning Source LLC
Chambersburg PA
CBHW060620050426
42451CB00012B/2347